Tagträume am Albert-See

Eine Hommage an ein verstecktes Idyll

Mit Texten und Fotos von

Josef Mahlmeister

Palabros de Cologne

Bibliografische Information der Deutschen Nationalbibliothek:

Die Deutsche Nationalbibliothek verzeichnet diese Publikation
in der Deutschen Nationalbibliografie;
detaillierte bibliografische Daten sind im Internet über
http://dnb.d-nb.de
abrufbar.

Erstauflage – Köln | Oktober 2017

© Josef Mahlmeister – www.palabros.de

Palabros de Cologne *(Kölner Independent Verlag)*

Gestaltung: Palabros de Cologne ®
Unter Verwendung des
Cover Creator von CreateSpace ©

CreateSpace, Charleston SC
Druck: Daten sind auf letzter Seite

ISBN-13: 978-1-9791-6337-8
ISBN-10: 1-9791-6337-5

Tagträume am Albert-See

Eine Hommage an ein verstecktes Idyll

Meine Liebe zu diesem See? - Sie begann wohl im Spätsommer 2013. Denn von diesem Zeitpunkt an, finde ich erste Fotos in unzähligen Sammel-Ordnern.

Er ist versteckt; liegt in einer Senke. Man kann ihn locker zwei oder drei Male zu Fuß umrunden, beim Spazieren gehen, alleine oder auch mit dem Hund.

Oder man kann sich auf einer seiner zahlreichen Holzbrettbänkchen ausruhen. Dasitzen und Träumen. Oder Geschichten schreiben und manchmal, wenn kein anderer da ist, die eine oder andere Unglaubliche sogar selbst erleben. Oh ja! - Ich weiß, wovon ich spreche! - Wer solche Momente auch erleben möchte, der hat sich beim Erwerb dieses Fotobandes jedenfalls nicht vertan.

WAS ist so Besonderes an DIESEM See?

Denn: der Albertsee ist vielleicht nur ein ziemlich hässlicher Tümpel. - Einzig für Angler noch ansehens- und liebenswert!

Wenn an ihm die Sonne unter geht, liegt er in recht düsterem Licht. Vom fotografischen Standpunkt aus betrachtet, lässt sich aus diesem „See" jedenfalls nicht wirklich viel herausholen.

Trotzdem, ich habe es versucht!

5

Der kleine
Steg über
den Bach,
der vom
Binsen-
weiher in
den Albert-
See fließt.

Der hintere
Treppenabstieg
von der Straße
abgehend

Ein blauer Himmel. Viele kleine Bänkchen.

Der Albertsee ist ein Stilles Wasser,
welches nicht nur „still" und „tief" ist,
sondern - fiele man hinein - wohl auch noch
recht matschig ist.

Dennoch wirkt er sonderbar beruhigend
aufs Gemüt. Das viele Grün um einen
herum, fordert viele Vögel, Libellen und
Schmetterlinge auf, die Sonne zu genießen
und dem Leben, in der Zeitspanne zwischen
den ersten und den letzten Sonnenstrahlen,
das Beste abzugewinnen: das Leben eben!

Das Leben, welches sich dort im Stillen
abspielt.

*Wildnis und Friede in der Natur zu erleben, wo? -
wenn nicht hier!*

10

11

12

Wenn die kleinen Käfer wandern

13

Heckenröschen
am
Wehr

14

Blaue Lupinen
im Mai
15

Unerwartete Begegnung:

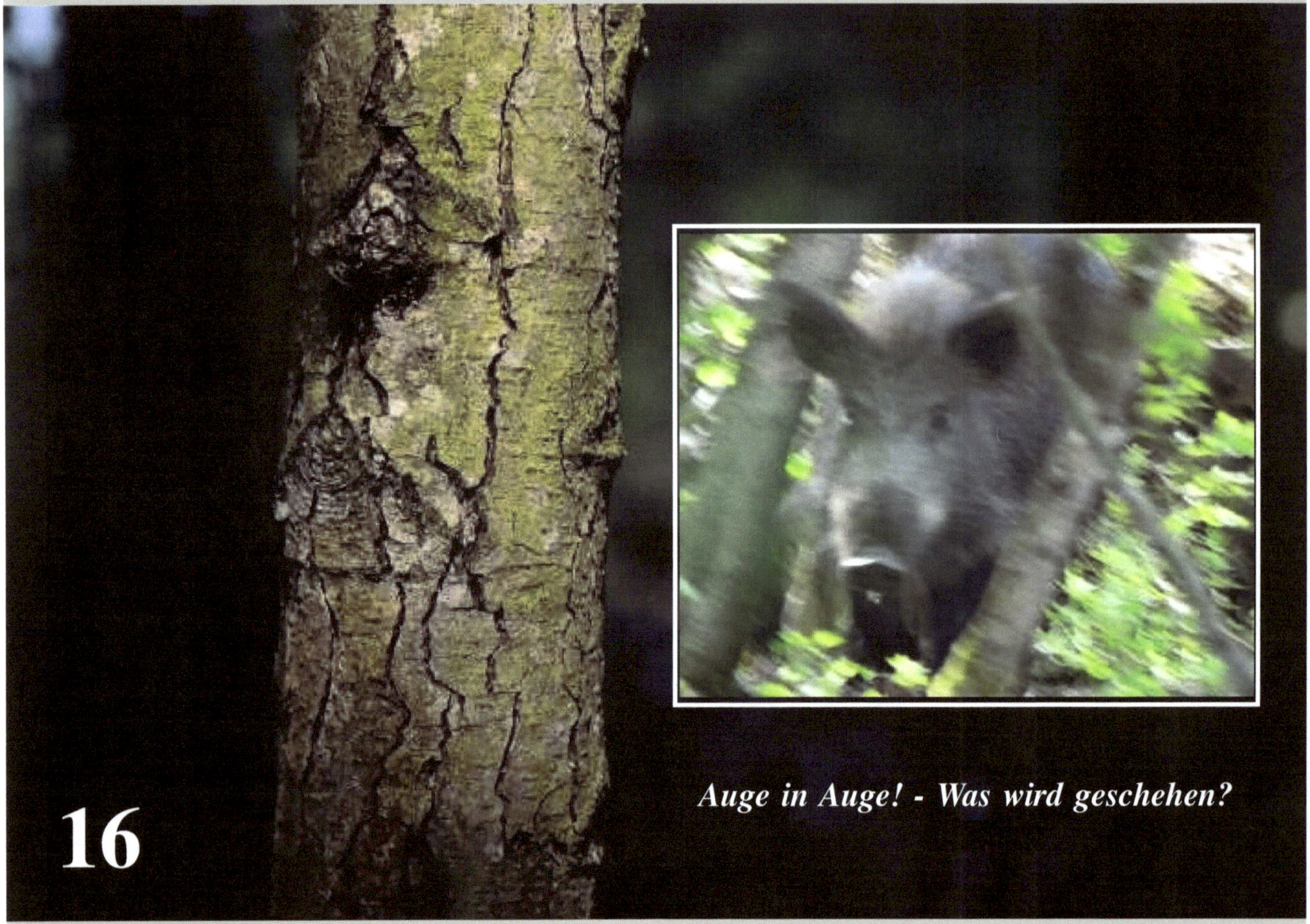

Auge in Auge! - Was wird geschehen?

Wildschweine!

Was macht man wenn einem, bei einem Spaziergang, einmal eine Horde Wild-
schweine quasi „über den Weg" läuft?

Bei mir tauchten sie urplötzlich, oben am Hügel, in den Büschen auf. Ich stand
alleine unten; direkt am Seeufer. - Was also tun, wenn sie von oben auf mich
herunter gerannt kämen? - In den See springen? - Stehen bleiben? - Zur Seite
springen? Oder einfach davon rennen?

Ja, es war ein gefährliches „Spiel" hierbei noch Fotos zu machen, aber ...

17

18

Raupen, Motten, Schmetterlinge

Schon faszinierend, wie einmal aus solch unscheinbaren Raupen, so schöne Schmetterlinge, wie etwa ein „Brauner Bär" oder ein „Kleiner Fuchs" werden können.

19

Fische und Angler

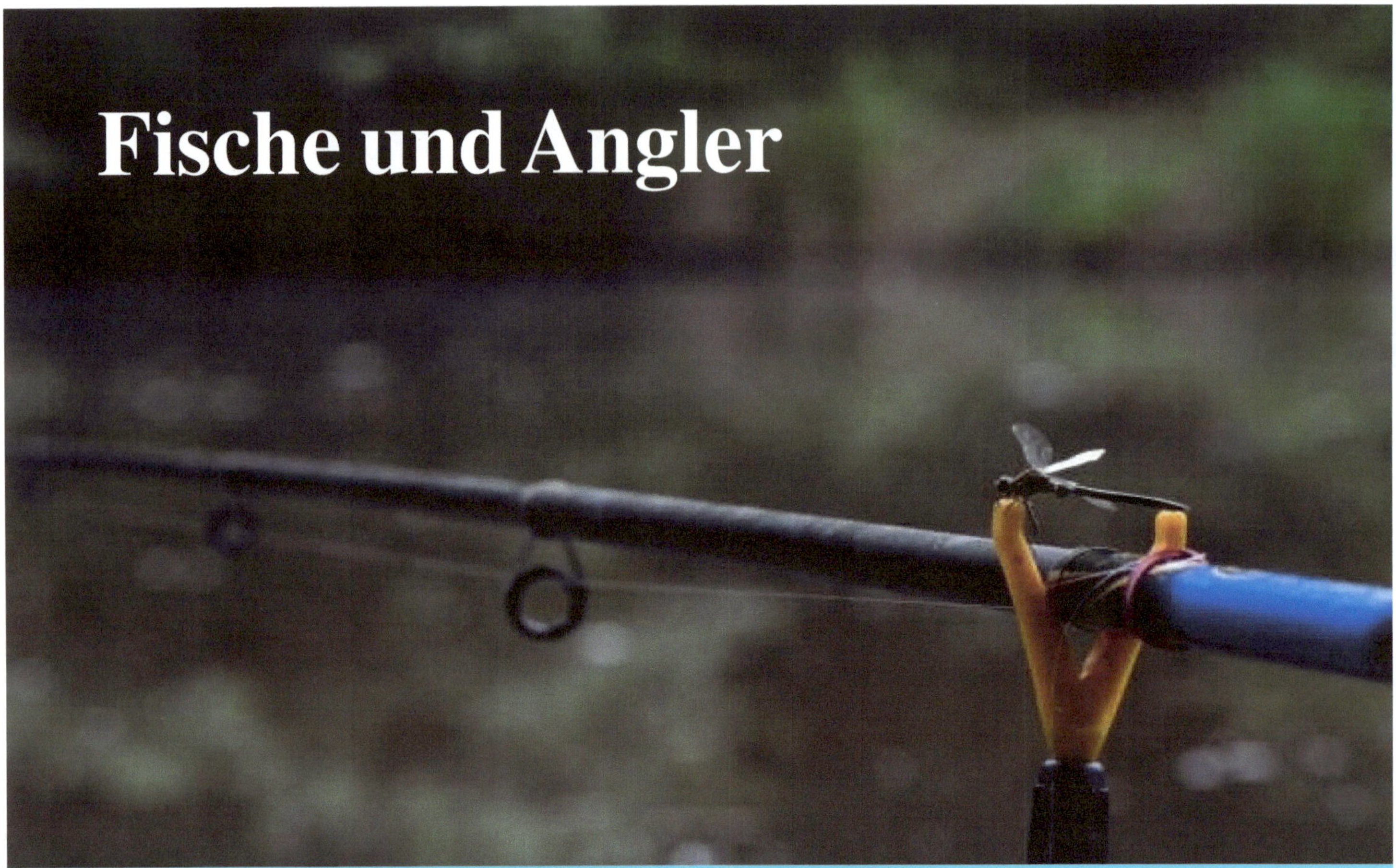

20

Abundan triffst Du am Albert-See auch auf Angler. Wie überall gibt es solche und solche. Freundliche, wie auch Un-freundliche. Aber das Jahr ist lang; und so ist die Chance den See alleine genießen zu dürfen weitaus höher.

„Manntje, Manntje, Timbe Te, Buttje, Buttje in der See ...“ - Wer kennt nicht das Grimm´sche Märchen „Vom Fischer und seiner Frau „ ...

... und wünscht sich nicht wenigstens EINEN Wunsch frei zu haben?

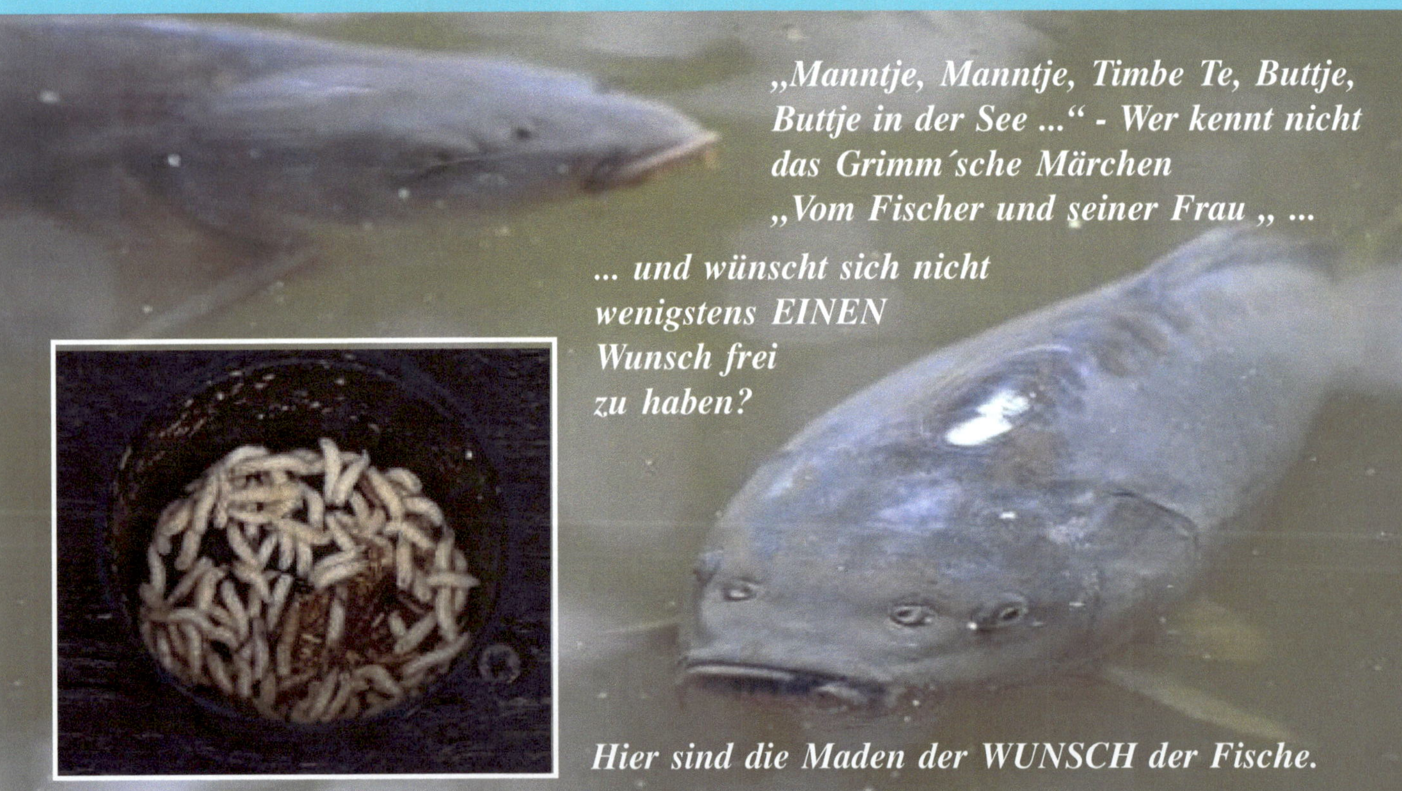

Hier sind die Maden der WUNSCH der Fische.

So eine leckere
Libelle würde
manchem
der Fische gut
schmecken.

Diese aber
wurde gerettet.
Sie trocknet
sich gerade
auf der Angel
im
Sonnenschein.

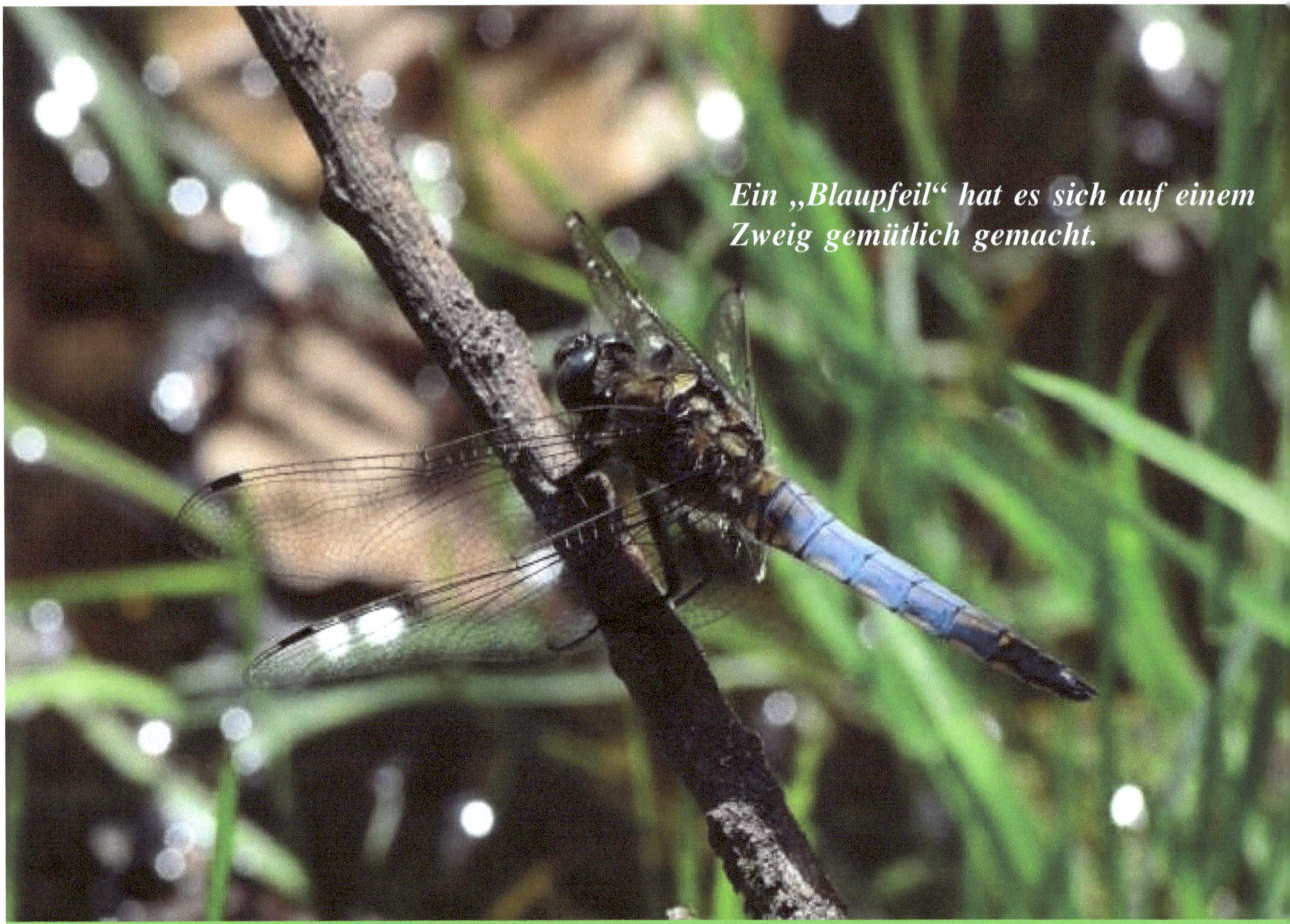

Ein „Blaupfeil“ hat es sich auf einem Zweig gemütlich gemacht.

Frühling + Sommer mit Libellen

Eine Feuerlibelle und noch ein Blaupfeil.

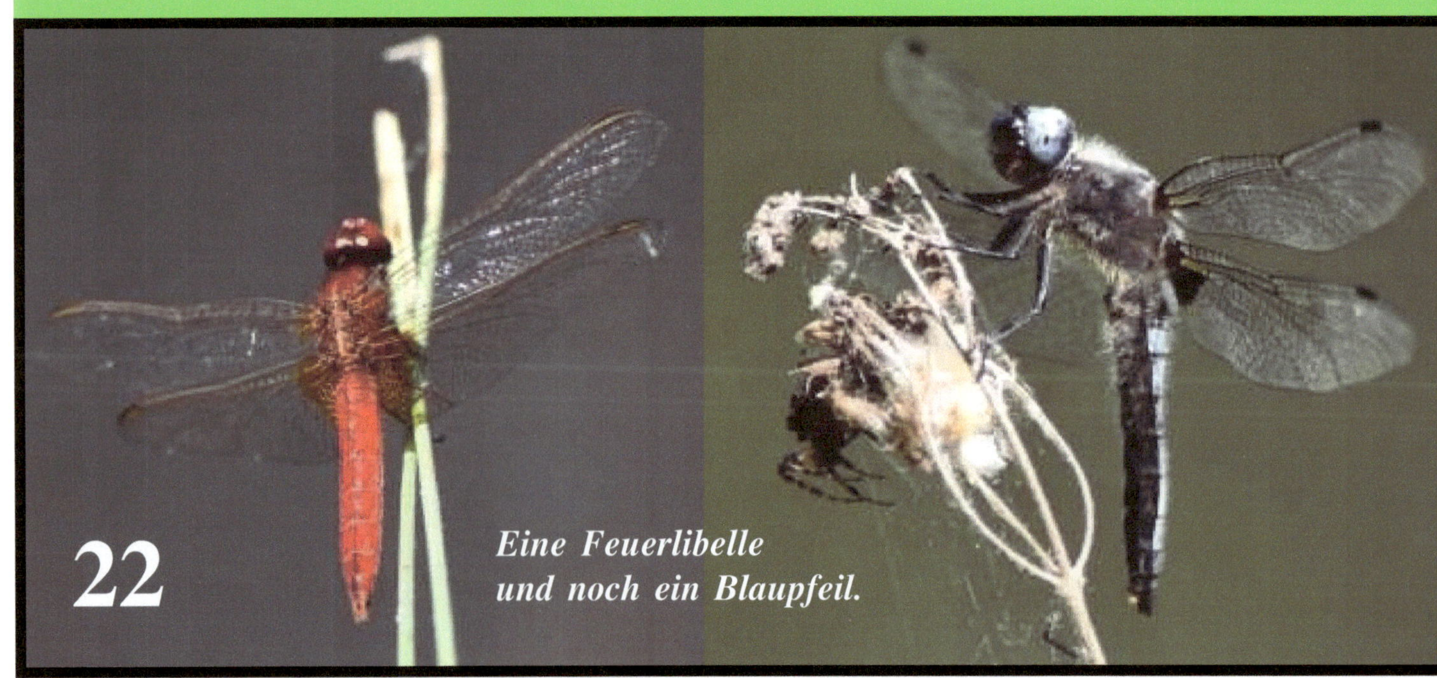

Wer hat hier Angst vor wem? - Die
Spinne vor der Libelle oder - doch
nicht?

Ja, bitte?

Auch DAS ist möglich: Paarung
auf dem Daumen!

23

Fragile Gebilde:

Wasserläufer
und
Schnaken

24

Vom Buntspecht bis zu Schnaken

Herbst: Die Zeit der Pilze

Kühle Winter: Nebel und Eiszeit

Ein Graureiher auf der Jagd nach Fischen.
Und jeder findet „seinen" Platz am Ufer

Eine Schildkröte? - Ja, auch ihr
kannst Du am Albert-See begegnen.

Auf einem sonnigen Platz, träumt sie mit mir, nahe dem Ufer.

Das Besondere Glanzlicht am Schluss: die Prachtlibelle

Beobachtet von einem Fisch? Die gebänderte Prachtlibelle.

ÜBER DEN AUTOR:

Josef Mahlmeister ist eigent-
lich kein ausgebildeter Foto-
graf, aber das Fotografieren
ist ihm, seit seiner Kindheit
Passion! - Mit diesem Foto-
band nimmt er sich erstmals
einen See zum Thema.

Es war jede Menge Arbeit mit
vielen Fotos und passendem
Texten - hoffentlich ist ihm
das im Ergebnis gelungen!

ÜBER DEN SEE:

Dieser liegt fast genau ge-
genüber dem Liblarer See.

Er ist mit der Straßenbahn
Linie 18 und dann mit der
Buslinie 979 ab Hürth-Her-
mülheim bzw. Erftstadt be-
quem zu erreichen.

31